Inhalt

Working Capital Management - wieso tun sich deutsche Unternehmen so schwer damit?

Kernthesen

Beitrag

Fallbeispiele

Weiterführende Literatur

Impressum

Working Capital Management - wieso tun sich deutsche Unternehmen so schwer damit?

Gerhard Dengl

Kernthesen

- Ein funktionierendes Working Capital Management hält die Liquidität eines Unternehmens auf einem optimalen Maß, sichert die jederzeitige Zahlungsfähigkeit und verbessert letztlich auch das Rating.
- Vor diesem Hintergrund ist es unverständlich, wieso gerade deutsche Unternehmen in dieser Disziplin im europäischen Vergleich

unterdurchschnittlich abschneiden.
- Eine Erklärung dafür könnte sein, dass die Anbieter entsprechender Dienstleistungen, das heißt Leasing-, Factoring- und Verbriefungsplattformenanbieter, in hohem Maße mit sich selbst beschäftigt sind. Die entsprechenden Branchen stehen unter großem Konsolidierungs- und Regulierungsdruck.

Beitrag

Wozu Working Capital Management?

Wenn Liquidität nur unzureichend vorhanden ist, dann geht in der Regel die Fähigkeit verloren, den Betrieb aufrechtzuerhalten, zu reinvestieren, Kapitalanforderungen zu genügen sowie die ausstehenden Zahlungen zu begleichen. Den Cash Flow eines Unternehmens zu verstehen und zu beurteilen, ist essenziell für die Entscheidung über Investitionen. Eine gute Möglichkeit, den Cash Flow eines Unternehmens zu optimieren, ist das Working Capital Management. Working Capital ist eine Kennzahl, die sich aus dem Umlaufvermögen abzüglich der kurzfristigen Verbindlichkeiten berechnet. Wenn das Umlaufvermögen eines Unternehmens die kurzfristigen Verbindlichkeiten nicht übersteigt, besteht zumindest die Gefahr, dass das Unternehmen jene Kreditoren, die ihr Geld rasch zurückbezahlt haben wollen, nicht umgehend befriedigen kann.

Übersteigt das Umlaufvermögen die kurzfristigen Verbindlichkeiten, bedeutet das, dass zumindest ein Teil des Umlaufvermögens mit langfristig zur Verfügung stehendem Kapital finanziert ist. Dieser Überschuss des kurzfristigen Kapitals über die kurzfristigen Verbindlichkeiten wird "Working Capital" genannt. Dieses Working Capital nicht beliebig schwanken zu lassen, sondern es an den aktuellen Bedürfnissen des Unternehmens auszurichten, ist die Aufgabe des Working Capital Managements. Einige der Vorteile: Kapital kann dorthin alloziert werden, wo es die höchste Rendite bringt; es werden keine unnötigen Kreditzinsen fällig; aufgrund der besseren Innenfinanzierung verbessert sich das Rating. (5), (6), (7)

Tools des Working Capital Managements

Die wichtigsten Stellschrauben für das Working

Capital Management sind:

- eigene Forderungen so früh wie möglich eintreiben
- eigene Verbindlichkeiten so spät wie möglich begleichen
- so wenig wie möglich Kapital fest binden

Um dies zu erreichen, gibt es verschiedene Möglichkeiten. Neben einem effizienten Forderungsmanagement kommen vor allem Finanzierungstools wie Factoring, Leasing oder Forderungsverbriefung in Betracht:

- Das Factoring ist eines der effizientesten Instrumente. Forderungen werden sofort durch den Factor unter Berücksichtigung eines Abschlags beglichen; dieser regelt dann alles Weitere. Schneller geht es kaum.

- Das Leasing ist ein mittelfristiges Instrument, das die Kapitalbindung insgesamt reduziert. Bevorzugt geleast statt gekauft werden Maschinen, Fuhrparks und Gebäude.

- Die Verbriefung ist das modernste Instrument zur Kapitalentlastung. Bei großen Forderungsmengen kann es effizient eingesetzt werden, für kleinere Unternehmen wird es durch die notwendige Infrastruktur unrentabel. (4), (9), (10)

Trends

Echtes Factoring bietet keinen Steuervorteil

Beim echten Factoring verkauft ein Unternehmen seine Forderungen an einen Factor und erhält dafür sofort eine Zahlung. Da das Risiko des Forderungsausfalls vollständig auf den Factor übergeht, handelt es sich juristisch nicht um eine Kreditgewährung des Factors an das Unternehmen, sondern um einen tatsächlichen Forderungsverkauf. Während bei einem Kredit keine Umsatzsteuer anfällt (darauf hatten Factoring-Unternehmen spekuliert), fallen diese bei einem Forderungskauf schon an. Das entsprechende Urteil des Bundesfinanzhofs (BFH) ist zwar kein Todesstoß für das Factoring als Instrument des Working Capital Managements, macht es aber unattraktiver. (1)

Stilles Factoring gibt es bald nicht mehr

Auch das gerne genutzte "stille" Factoring soll es aufgrund einer neuen Meldepflicht bald nicht mehr geben. Beim stillen Factoring erfährt der Endkunde nicht, dass seine Forderung an ein Factoring-Unternehmen weiterverkauft wurde. Viele Unternehmen präferieren diese Variante des Factorings, da sie so Imageverluste vermeiden wollen. Da dies künftig unmöglich wird, müssen sie im Rahmen des Working Capital Managements entscheiden, was ihnen wichtiger ist: ein gutes Image oder ein stabiles Liquiditätsmanagement. (3)

Factoring- und Leasingunternehmen unter Druck

Sowohl bei Factoring- als auch bei Leasinganbietern wird seit Jahren mit spitzem Bleistift kalkuliert. Das Geschäftsmodell funktioniert zwar grundsätzlich, aber die Margen sind gering, und es kommt auf hohe Effizienz an. Für das Working Capital Management vieler Unternehmen war das bisher ein wesentlicher Erfolgsfaktor. Viele, vor allem kleinere Anbieter halten diesem Druck nicht stand. So ist es auch zu erklären, dass die Branche seit Jahren in einem Konsolidierungsprozess steht. Mit den Anforderungen aus Basel III, denen sowohl Leasing- als auch Factoringanbieter unterliegen, steht nun eine weitere Flurbereinigung an. Vor allem die Refinanzierung über Banken wird deutlich schwieriger und teurer. Inwieweit Gesellschaften die höheren Kosten an ihre Kunden weiterreichen können, bleibt abzuwarten. Für bankeigene Institute gelten nach Basel III dieselben Regeln wie für deren Muttergesellschaften. Sie müssen also Kredite mit höherwertigerem Eigenkapital unterlegen als bisher. (2)

Fallbeispiele

PwC-Studie: Positive Entwicklung beim Working Capital Management

Obwohl das Thema "Working Capital Management" nicht neu ist, und seine Vorteile vielfach untersucht und belegt worden sind, stechen insbesondere deutsche Unternehmen in dieser Disziplin nicht besonders positiv hervor. Laut einer aktuellen Studie der Wirtschaftsprüfungsgesellschaft PricewaterhouseCoopers (PwC) landen deutsche Unternehmen im europäischen Vergleich auf den hinteren Plätzen. Eine Auswertung von über 2 000 Finanzberichten von börsennotierten Unternehmen in 35 europäischen Ländern ergab, dass die durchschnittliche Kapitalbindungsdauer im Jahr 2011 mit 70 Tagen rund fünf Tage unter dem

Vorjahreswert lag. Ein gutes Ergebnis, allerdings nicht für Deutschland, das mit durchschnittlich 77 Tagen nicht überzeugen kann. Am schnellsten waren die Briten mit nur 55 Tagen sowie zentraleuropäische Länder mit 58 Tagen. (8)

Deutsche Leasing beugt sich Konsolidierungsdruck

Am Beispiel der sparkasseneigenen Deutsche Leasing zeigt sich der Konsolidierungsdruck, dem die Branche aktuell ausgesetzt ist. Die Gesellschaft übernahm das Unternehmen Universal Factoring und stieg ins Geschäft mit Forderungsverkäufen ein. Die Universal Factoring, zuvor Tochter der inzwischen abgewickelten WestLB, fand damit ein neues Zuhause innerhalb der Sparkassengruppe. (2)

Weiterführende Literatur

(1) Keine steuerfreie Kreditgewährung bei echtem Factoring
aus SteuerConsultant, Vol. 4, Heft 11/2012, S. 13

(2) Im Sinkflug Die Factoring- und Leasingbranche schrumpft sich zurecht. Das liegt auch an Basel III
aus Financial Times Deutschland vom 29.10.2012,

Seite 2SA02

(3) Ende des Versteckspiels Die neue Meldepflicht bringt Factoring-Anbieter in die Bredouille. Denn künftig müssen sie heimliche Forderungskäufe offenlegen
aus Financial Times Deutschland vom 29.10.2012, Seite 4SA04

(4) Eine flexible und krisenfeste Finanzierungsart
aus FINANCE - Der Markt für Unternehmen und Finanzen Heft Sonderbeilage November 2012 vom 26.10.2012, Seite 26

(5) Cash-Management - Clevere Planung kann teure Zinsen sparen
aus SteuerConsultant, Vol. 4, Heft 11/2012, S. 38-41

(6) Mittelstand braucht Kapital
aus FINANCE - Der Markt für Unternehmen und Finanzen Heft Sonderbeilage November 2012 vom 26.10.2012, Seite 33

(7) Ein wachsender Markt
aus FINANCE - Der Markt für Unternehmen und Finanzen Heft Sonderbeilage November 2012 vom 26.10.2012, Seite 38

(8) PwC-Studie: Working Capital besser managen
aus Der Treasurer vom 04.10.2012, Nr. 19, S. 2

(9) Die Zukunft der forderungsbasierten Unternehmensfinanzierung

aus FINANCE - Der Markt für Unternehmen und Finanzen Heft Sonderbeilage November 2012 vom 26.10.2012, Seite 28

(10) Liquidität aktiv beeinflussen
aus FINANCE - Der Markt für Unternehmen und Finanzen Heft Sonderbeilage November 2012 vom 26.10.2012, Seite 50

Impressum

Working Capital Management - wieso tun sich deutsche Unternehmen so schwer damit?

Bibliografische Information der deutschen Nationalbibliothek

Die Deutsche Nationalbibliothek verzeichnet diese Publikation in der deutschen Nationalbibliografie; detaillierte bibliografische Daten sind im Internet über http://dnb.d-nb.de abrufbar.

ISBN: 978-3-7379-0525-1

© 2015 GBI-Genios Deutsche Wirtschaftsdatenbank GmbH, Freischützstraße 96, 81927 München, www.genios.de

Alle Rechte vorbehalten. Dieses Werk ist einschließlich aller seiner Teile – z.B. Texte, Tabellen und Grafiken - urheberrechtlich geschützt. Jede Verwertung außerhalb der Grenzen des Urheberrechtsgesetzes bedarf der vorherigen Zustimmung des Verlags. Dies gilt insbesondere auch für auszugsweise Nachdrucke, fotomechanische

Vervielfältigungen (Fotokopie/Mikroskopie), Übersetzungen, Auswertungen durch Datenbanken oder ähnliche Einrichtungen und die Einspeicherung und Verarbeitung in elektronischen Systemen.